"말랑말랑 따뜻하고 예쁜 마음"

나는 _____ 입니다.

어휘력을 키워주는
예쁜 말 고운 동시 따라 쓰기

초등글쓰기연구소 / 엮음·글

초등글쓰기연구소는 초등학생의 글쓰기 역량을 키우기 위해 다양한 글쓰기 콘텐츠를 기획하고 개발하는 초등교사와 교육 전문가들의 모임입니다. 실제 교육 현장 경험과 전문성을 바탕으로 초등학생의 발달 단계에 맞는 글쓰기 지도법을 연구합니다. 과학적인 학습 방법과 국어 교육을 토대로 재미와 교육적 깊이를 함께 담은 글쓰기 콘텐츠를 통해 학생들이 '자기 생각을 즐겁게 써 가는 힘'을 기르는 것을 돕고 있습니다.

★ 초등글쓰기연구소 카페: cafe.naver.com/writinglab6

서다정 / 그림

서다정은 취향이 담긴 집에서 고양이 한 마리와 함께 살고 있습니다. 대학에서 디자인을 공부한 후, 현재는 디자이너이자 일러스트레이터로 활동하며 그림책, 패키지, 웹툰, 전시 작품 등 다양한 분야에서 그림을 그리고 있습니다. 따뜻한 그림을 통해 그림을 보는 이도 가슴이 몽글몽글해지기를 바랍니다.

어휘력을 키워주는
예쁜 말 고운 동시 따라 쓰기

초판 1쇄 인쇄 2025년 4월 21일
초판 1쇄 발행 2025년 4월 30일

지은이 초등글쓰기연구소 | **그린이** 서다정
발행인 이윤희 | **디자인** 어수미 | **인쇄·제본** 357 제작소
발행처 빅퀘스천 | **출판등록** 제2024-000193호
주소지 서울특별시 마포구 월드컵북로 400, 5층 11호
전화 02-6956-4929 **팩스** 02-6919-1379

ISBN 979-11-989761-2-3 73810
ⓒ 초등글쓰기연구소, 서다정

- 저작권법에 의해 한국 내에서 보호를 받는 저작물이므로 무단전재와 무단복제를 금합니다.
- 종이에 베이거나 긁히지 않도록 조심하세요. 책 모서리가 날카로우니 던지거나 떨어뜨리지 마세요.
- KC마크는 이 제품이 공통안전기준에 적합하였음을 의미합니다.

어휘력을 키워주는
예쁜말 고운동시 따라쓰기

초등글쓰기연구소 엮음·글　서다정 그림

빅퀘스천

일러두기

초판본의 동시와 대조해 되도록 원본의 어휘를 살렸습니다.

1. 정확한 의미 전달을 위해 맞춤법과 띄어쓰기, 문장부호는 원본을 훼손시키지 않는 범위에서 일부를 현재의 표기법에 맞춰 고쳤습니다.
2. 현재의 맞춤법과 간혹 다른 경우가 있는데—예를 들면 "코올코올"(맞춤법에 맞는 표기: 콜콜), "째앵째앵"(맞춤법에 맞는 표기: 쨍쨍), "풀르자"(맞춤법에 맞는 표기: 풀자) 등—운율을 맞추기 위해 글자 수를 늘리거나 어감을 살린 시적 허용으로 보았습니다.
3. 시의 운율을 만들기 위해 글자 수를 맞추는 과정에서, 다소 오독의 우려가 생기기도 하는데—예를 들면 "나는 학교 조그마한 / 학생이지만"(조사를 넣으면 그 뜻이 분명해짐: 나는 학교에서 조그마한 / 학생이지만)—시적 허용으로 보아 원문 그대로 두었습니다.
4. 문장부호 중에서 장음을 표시하는 기호(—)는 그대로 살려서 시를 낭독할 수 있도록 했습니다.

동시를 읽다가 맞춤법이 틀렸거나 단어의 순서가 이상하게 느껴질 때 '틀렸네!' 하고 생각하기보다는, '아, 이건 동시니까 이렇게 쓴 거구나!' 하면서 시인의 마음과 시에 귀를 기울여 보면 좋아요. 그럼, 동시의 말들이 더 생생하고 재미있게 다가올 거예요.

"따라 쓰다 보면 마음이 말랑말랑해져요."

여러분, 동시를 읽어 본 적 있나요? 동시는 길지 않지만, 그 안에 아주 많은 이야기가 들어 있어요. 짧고 간결한 말 속에 자연의 소리, 사람의 마음, 아이들의 하루, 그리고 재미있는 상상들이 담겨 있어요. 그림책처럼 친근하고 동화처럼 따뜻한 동시, 이 책은 그런 동시들을 읽고, 따라 쓰고, 내 생각을 적어 보는 책이에요.

동시는 어휘력을 높여 주는 좋은 친구이기도 해요. 그뿐 아니에요. 동시 속 어휘와 글은 부드럽고 말랑해서 마음으로 느끼기 쉬워요. 말이 예뻐지면 생각도 예뻐지고, 예쁜 생각은 행동까지 바꿔 준다는 이야기를 들어 봤죠?

이 책에는 윤동주, 정지용, 권태응, 서덕출, 방정환 등 우리나라 대표 시인들의 말랑말랑 예쁜 동시가 실려 있어요. 봄, 여름, 가을, 겨울을 배경으로 계절에 따라 아름다운 꽃, 별, 바람 같은 자연과 동물, 그리고 우리네 일상을 담고 있어요. 예를 들어 윤동주의 동시 <봄>에서는 아기가 아래 발치에서 "코올코올", 고양이가 부뚜막에서 "가릉가릉", 바람이 나뭇가지에서 "소올소올", 해님이 하늘 한가운데서 "째잉째앵"이라는 표현이 나와요. 참 재미있는 표현이죠? 이처럼 동시를 따라 쓰는 건, 예쁘고 고운 말을 마음에 담고, 시인의 눈으로 세상을 바라보는 연습을 하는 거예요.

⭐ 왜 동시 따라 쓰기가 필요할까요?

요즘은 말과 글을 빠르게 주고받는 시대예요. 하지만 느리게, 천천히, 하나하나의 단어를 손으로 써 보는 경험은 생각보다 큰 힘이 있어요.

동시를 읽고 따라 쓰면
- 말맛과 운율을 자연스럽게 익히고,
- 시어의 느낌을 자연스럽게 받아들이며,
- 어휘력과 표현력, 상상력을 함께 키울 수 있어요.

시인의 눈과 손끝에서 나온 동시를 따라 쓰다 보면 여러분의 마음도 더 깊어지고 단단해질 거예요.

이 책의 구성과 활용법

이 책은 단순한 '쓰기 연습' 책이 아니에요. 읽고, 느끼고, 공감하고, 표현하는 책이에요. 그래서 동시와 관련된 다양한 활동들이 담겨 있어요.

- ✓ 동시를 읽고 나만의 경험이나 느낌을 떠올려 보기
- ✓ 동시를 따라 쓰며 시 속 단어와 표현에 집중하기
- ✓ 친구 또는 부모님과 함께 시에 대해 의견 나누기
- ✓ 그림 그리기, 낱말 놀이, 문장 만들기 등 다양한 동시 활동
- ✓ 같은 주제로 나만의 동시를 써 보는 창작 활동

이런 활동을 해 나가다 보면 어느새 여러분은 시를 읽는 독자에서 시를 쓰는 작은 시인이 되어 있지 않을까요? 분명한 건, 이 책에 담긴 동시들을 다 쓰고 나면, 여러분의 글과 생각도 훨씬 예쁘고 풍성해질 거라는 사실!

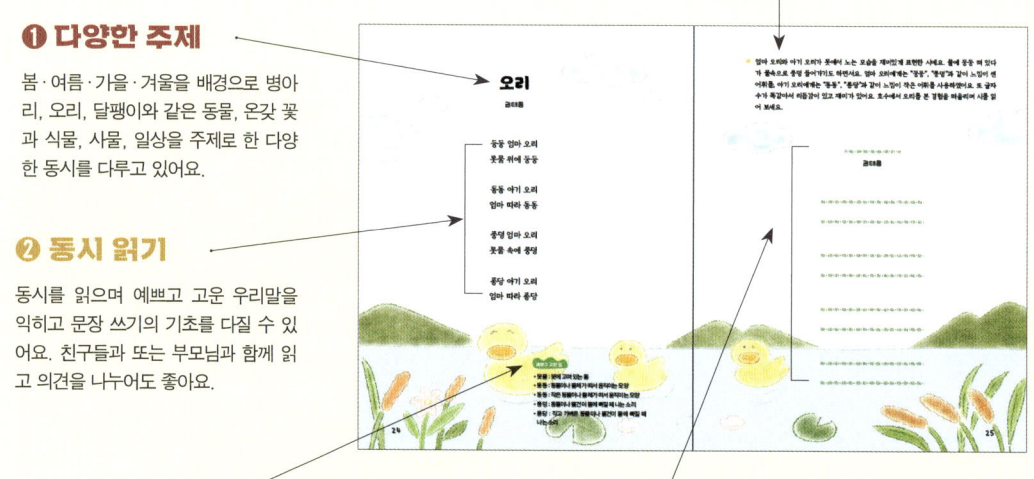

❹ 동시 감상의 핵심 포인트
동시의 어휘, 운율, 내용을 짚어 줘요. 시가 담고 있는 이미지와 경험을 설명하거나 질문을 통해 더 잘 감상하고 상상하게 해 줘요.

❶ 다양한 주제
봄·여름·가을·겨울을 배경으로 병아리, 오리, 달팽이와 같은 동물, 온갖 꽃과 식물, 사물, 일상을 주제로 한 다양한 동시를 다루고 있어요.

❷ 동시 읽기
동시를 읽으며 예쁘고 고운 우리말을 익히고 문장 쓰기의 기초를 다질 수 있어요. 친구들과 또는 부모님과 함께 읽고 의견을 나누어도 좋아요.

❸ "예쁘고 고운 말" 익히기
'못물' 같은 다양한 우리말과 '둥둥'과 '동동', '풍덩'과 '퐁당' 등 비슷한 말 사이의 미묘한 차이를 익힐 수 있어요.

❺ 동시 따라 쓰기
또박또박 예쁘게 따라 쓰면 나만의 글씨로 새로운 동시가 탄생해요.

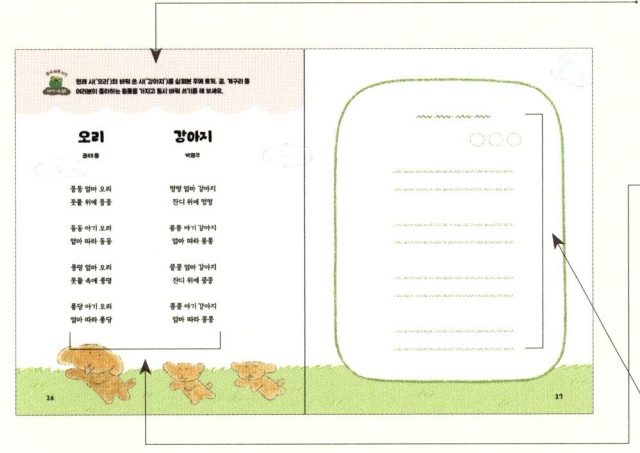

❶ 어휘력 키움 활동

십자말풀이, 어울리는 말 연결하기, 동시 바꿔 쓰기, 그림 그리기 등 다양한 동시 활동을 통해 어휘력과 함께 상상력, 표현력을 키워요.

❷ 원래 동시와 바꿔 쓴 동시를 비교해 동시의 구성 파악하기

두 시의 비슷한 점과 차이점을 찾아봐요. 예를 들면 시의 주인공, 시의 내용, 글의 양, 글자 수, 반복되는 어휘 등을 살펴봐요. 이를 통해 동시의 주제와 구조를 알 수 있어요.

❸ 나만의 동시를 자유롭게 쓰기

구슬이 서 말이라도 꿰어야 보배! 직접 써 봄으로써 더 많은 것을 배워요.

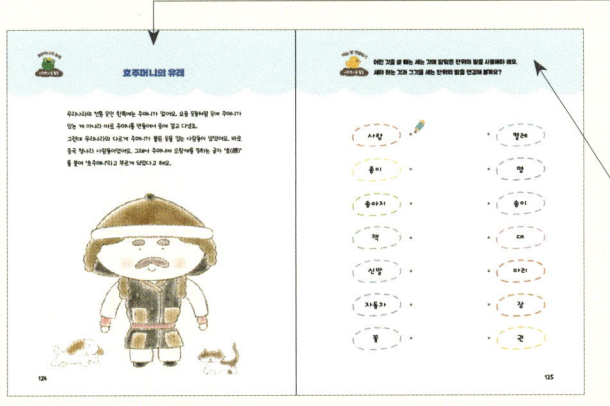

❶ 어휘력이 쑥쑥! 재미있는 이야기 읽기

'호주머니의 유래'를 읽으며 어휘에 대한 지식도 쌓고 어휘를 더 깊이 있게 학습할 수 있어요.

❷ 쉽고도 어려운 단어 익히기

동물이나 식물, 사물의 이름과 그것을 세는 단어를 연결하는 활동이에요. 이를 통해 어휘를 더 정확하게 익힐 수 있어요. 이 책에는 이것 말고도 다양한 어휘력 향상 활동들이 있어요.

★ 선생님, 친구들과 함께 아침을 여는 동시 한 편

아 참! 이 책은 초등학교 교실에서 아침 시간 활동으로 참 잘 어울려요. 하루의 시작을 예쁘고 고운 동시 한 편으로 열어 보는 것, 그것만으로도 교실에 기분 좋은 공기가 퍼지거든요. 선생님과 학생들이 함께 시를 읽고, 따라 쓰고, 감상을 나누면 배움이 더욱 단단해질 거예요.

자, 이제 책장을 넘겨 볼까요? 동시 한 편, 한 편을 따라 쓰며 여러분 안의 상상력과 감정을 예쁘게 표현하는 힘을 키워 보세요. 예쁜 말, 고운 동시가 여러분 곁에 아주 오랫동안 남아 줄 거예요.

차례

5   머리말
6   이 책의 구성과 활용법

 봄    여름   

12	봄 • 윤동주	44	앵두 • 권태응
14	꿈 꿈 • 권태응	46	해바라기 씨 • 정지용
16	병아리 • 윤동주	48	산 샘물 • 권태응
18	노래 보따리 • 권태응	50	1, 2, 3, 4, 선생 • 서덕출
20	호수 • 정지용	52	어휘력 키움 활동 아빠는 1일 선생님
22	구름 • 강승한	54	오줌싸개 지도 • 윤동주
24	오리 • 권태응	56	봉선화 • 서덕출
26	어휘력 키움 활동 동시 바꿔 쓰기	58	더위 먹겠네 • 권태응
28	버들피리 • 서덕출	60	햇비 • 윤동주
30	달팽이 • 권태응	62	감자꽃 • 권태응
32	참새 • 윤동주	64	둘 다 • 윤동주
34	시냇물 • 강승한	66	여름비 • 방정환
36	할아버지 • 정지용	68	어느 밤 • 박용철
38	땅감나무 • 권태응	70	반딧불 • 윤동주
40	어휘력 키움 활동 토마토 관찰 보고서	72	어휘력 키움 활동 책표지 그리기
		73	어휘력 키움 활동 단어 찾기

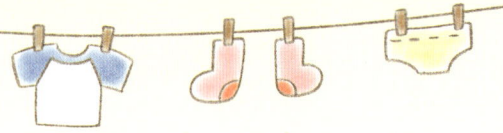

76	꽃시계 • 권태응		110	눈 • 윤동주
78	비행기 • 윤동주		112	눈꽃송이 • 서덕출
80	무얼 먹고 사나 • 윤동주		114	바람 • 정지용
82	송아지 • 권태응		116	어휘력 키움 활동 　다양한 표현 찾아보기
84	뒷집 영감 • 방정환		118	아기의 새벽 • 윤동주
88	어휘력 키움 활동 　상상하고 질문하기		120	눈은 눈은 • 서덕출
90	엄마야 누나야 • 김소월		122	어린 고기들 • 권태응
92	탱자 • 권태응		124	호주머니 • 윤동주
94	도토리들 • 권태응		126	어휘력 키움 활동 　호주머니의 유래
96	늙은 잠자리 • 방정환		127	어휘력 키움 활동 　'세는 말' 연결하기
98	홍시 • 정지용		128	오곤자근 • 권태응
100	어휘력 키움 활동 　동시 바꿔 쓰기		130	누구 발자국 • 권태응
102	귀뚜라미 • 방정환		132	빗자루 • 윤동주
104	부엉새 • 김소월		134	널 뛰는 노래 • 서덕출
106	가을밤 • 방정환		136	이 책에 등장하는 시인들을 소개합니다
			137	작은 시인 상

봄

봄

윤동주

우리 아기는
아래 발치에서 코올코올

고양이는
부뚜막에서 가릉가릉

아기 바람이
나뭇가지에서 소올소올

아저씨 해님이
하늘 한가운데서 째앵째앵

⭐ "코올코올"은 아기가 깊이 자면서 숨 쉬는 소리를, "가릉가릉"은 고양이가 잘 때 나는 숨소리를, "소올소올"은 바람이 부는 소리를, "째앵째앵"은 해가 비추는 모습을 표현하고 있어요. 봄날의 따뜻하고 평화롭고 아늑한 분위기가 시에서 느껴지지 않나요?

윤동주

예쁘고 고운 말

- 발치 : 누울 때 발이 있는 쪽
- 부뚜막 : 아궁이 위에 솥을 걸어 놓는 곳
- 가릉가릉 : 고양이가 내는 소리

꿈 꿈

권태응

꿈, 꿈, 무슨 꿈,
새파란 꿈 예쁜 꿈,
뾰족뾰족 파릇파릇
풀 나무 싹 솟고요.

꿈, 꿈, 무슨 꿈,
새빨간 꿈 고운 꿈,
방긋방긋 울긋불긋
각색 꽃이 피지요.

⭐ "뾰족뾰족", "파릇파릇", "방싯방싯", "울긋불긋"이라는 표현에서 자연의 싱그러움과 생명력을 느낄 수 있는 시예요. 시인은 왜 예쁜 꿈을 새파란 꿈, 고운 꿈을 새빨간 꿈이라고 했을까요? 그 이유를 생각해 보며, 내가 어젯밤에 꾼 꿈을 떠올려 보세요.

권태응

예쁘고 고운 말

- 새파랗다 : 매우 파랗다.
- 파릇파릇 : 군데군데 파르스름한 모양
- 새빨갛다 : 매우 빨갛다.
- 방싯방싯 : 입을 벌리며 소리 내지 않고 살짝 웃는 모습
- 울긋불긋 : 여러 가지 빛깔들이 섞여 있는 모양
- 각색 : 여러 가지 빛깔

병아리

윤동주

"뽀, 뽀, 뽀
엄마 젖 좀 주"
병아리 소리

"꺽, 꺽, 꺽
오냐 좀 기다려"
엄마 닭 소리

좀 있다가 병아리들은
엄마 품속으로 다 들어갔지요.

예쁘고 고운 말
- 뽀 : 병아리가 우는 소리
- 꺽 : 엄마 닭이 우는 소리
- 품속 : 두 팔을 벌려 안을 때의 가슴속

★ "뽀, 뽀, 뽀" 병아리가 엄마 닭에게 아양을 피우듯 밥 달라고 우는 소리예요. 이 소리를 들은 엄마 닭은 "꺽, 꺽, 꺽" 하고 대답하죠. 여러분은 부모님께 장난감이나 책을 사 달라고 할 때 어떻게 말하고, 어떤 표정을 짓나요?

\\\\\\\\\\\\\\\\\\\\\\\\\\\\\\\\\\

윤동주

노래 보따리

권태응

노래노래 보따리는
즐거운 보따리,
새 나라 아기들이
얻은 보따리.

아기들아 모여라.
옹기종기 모여라.
즐거운 보따리를
서로서로 풀르자.

아이들이 즐겁게 노래하는 모습을 담은 시예요. "노래노래 보따리", "즐거운 보따리"라는 표현은 노래가 선물처럼 보따리에 포장되어 있다고 느끼게 해 줘요. "옹기종기"는 아이들이 정답게 모여 있는 모습을, "서로서로"는 아이들이 무언가를 함께 하는 모습을 나타냈어요. 여러분은 언제 친구들과 옹기종기 모여 있나요? 보드게임을 할 때? 수학 문제를 풀 때?

권태응

예쁘고 고운 말

- 보따리 : 물건을 보자기로 싼 뭉치
- 옹기종기 : 크기가 서로 다른 조그마한 것들이 여러 개 모여 있는 모양
- 풀다 : 싸여 있거나 묶여 있는 걸 그렇지 않은 상태로 만들다.

호수

정지용

얼굴 하나야
손바닥 둘로
폭 가리지만

보고 싶은 마음
호수만 하니
눈 감을 밖에

예쁘고 고운 말

- 폭 : 안에 있는 게 보이지 않도록 빈틈없이 덮거나 싸 놓은 모양
- 가리다 : 보이지 않도록 막다.
- 호수 : 땅에 물이 괴어 있는 곳

⭐ 보고 싶은 사람을 향한 나의 마음을 아름답게 표현한 시예요. 사람의 얼굴은 손바닥 두 개로 쉽게 가릴 수 있을 만큼 작죠. 하지만 어떤 사람을 그리워하는 마음은 훨씬 커요. 이 시에서는 누군가를 보고 싶은 마음이 아주 크기 때문에 넓고 깊은 호수에 비유해 그리운 마음을 나타냈어요. 그런데 시인이 보고 싶어 한 사람은 누구일까요?

정지용

구름

강승한

송이송이
흰 구름은
뭣 하는 구름
이른 아침 길 가는 해
가리는 구름

송이송이
흰 구름은
뭣 하는 구름
대낮에 길 가는 달
놀리는 구름

예쁘고 고운 말
- 송이송이 : 여러 개가 있는 송이마다 모두
- 이르다 : 생각했던 때보다 시간이 빠르다.
- 대낮 : 환하게 밝은 낮

⭐ 구름이 해와 달을 가리거나 놀리는 모습을 상상하여 쓴 시예요. 이른 아침에 떠오르는 해를 가리고, 대낮에 길을 걷는 달을 "놀리는 구름"이라니! 시인은 구름을 장난꾸러기라고 생각한 걸까요? 오늘 구름을 본 적이 있나요? 오늘 내가 본 구름은 장난꾸러기 구름이었나요? 구름을 자연 현상이 아닌 살아 있는 존재로 상상한 시인의 상상력이 정말 놀라워요!

강승한

오리

권태응

둥둥 엄마 오리
못물 위에 둥둥

동동 아기 오리
엄마 따라 동동

풍덩 엄마 오리
못물 속에 풍덩

퐁당 아기 오리
엄마 따라 퐁당

예쁘고 고운 말

- 못물 : 못에 고여 있는 물
- 둥둥 : 동물이나 물체가 떠서 움직이는 모양
- 동동 : 작은 동물이나 물체가 떠서 움직이는 모양
- 풍덩 : 동물이나 물건이 물에 빠질 때 나는 소리
- 퐁당 : 작고 가벼운 동물이나 물건이 물에 빠질 때 나는 소리

★ 엄마 오리와 아기 오리가 못에서 노는 모습을 재미있게 표현한 시예요. 물에 둥둥 떠 있다가 물속으로 풍덩 들어가기도 하면서요. 엄마 오리에게는 "둥둥", "풍덩"과 같이 느낌이 센 어휘를, 아기 오리에게는 "동동", "퐁당"과 같이 느낌이 작은 어휘를 사용하였어요. 또 글자 수가 똑같아서 리듬감이 있고 재미가 있어요. 호수에서 오리를 본 경험을 떠올리며 시를 읽어 보세요.

권태응

원래 시('오리')와 바꿔 쓴 시('강아지')를 살펴본 후에 토끼, 곰, 개구리 등 여러분이 좋아하는 동물을 가지고 동시 바꿔 쓰기를 해 보세요.

오리

권태응

둥둥 엄마 오리
못물 위에 둥둥

동동 아기 오리
엄마 따라 동동

풍덩 엄마 오리
못물 속에 풍덩

퐁당 아기 오리
엄마 따라 퐁당

강아지

박영주

멍멍 엄마 강아지
잔디 위에 멍멍

몽몽 아기 강아지
엄마 따라 몽몽

쿵쿵 엄마 강아지
잔디 위에 쿵쿵

콩콩 아기 강아지
엄마 따라 콩콩

버들피리

서덕출

버들피리 봄인 듯이
소리가 고와
진달래꽃 빵실빵실
웃고 핍니다.

버들피리 봄 저녁에
불어 날리며
별님이 너도나도
내다봅니다.

⭐ 버들피리 소리가 꽃을 피워요. 그리고 그 소리가 바람을 타고 밤하늘로 날아가자 별들이 궁금해서 반짝반짝 얼굴을 내민다는 상상력이 돋보이는 시예요. 진달래꽃이 활짝 핀 모습을 "빵실빵실" 웃는 것처럼 표현한 것이 재미있네요. 여러분을 빵실빵실 웃게 해 주는 것은 무엇인가요? 게임? 맛있는 음식? 친구들?

\\\\\\\\\\\\\\\\\\\\\\\\\\\\\\\\\\\\

서덕출

\\

\\

\\

\\

\\

\\

\\

\\

예쁘고 고운 말

- 버들피리 : 버들가지의 껍질로 만든 피리
- 버들가지 : 버드나무의 가지
- 빵실빵실 : 입을 살짝 벌리고 소리 내지 않고 웃는 모양
- 내다보다 : 안에서 밖을 보다.

달팽이

권태응

달 달 달팽이
뿔 넷 달린 달팽이

건드리면 옴추락
가만두면 내밀고

달 달 달팽이
느림뱅이 달팽이

멀린 한 번 못 가고
밭에서만 놀고

예쁘고 고운 말
- 옴추락 : '옴츠리다'에서 온 말로 몸이나 몸의 일부를 오그려서 작게 하는 것
- 느림뱅이 : 행동이 느리거나 게으른 사람을 가리키는 말

⭐ 달팽이를 만져 보거나 달팽이의 움직임을 지켜본 경험이 있나요? 느릿느릿 기어가는 달팽이는 어디를 가는 걸까요? 만약 달팽이가 밭에서 나와 다른 곳으로 모험을 떠난다면 어디로 갈까요? 어떤 일을 겪게 될까요?

권태응

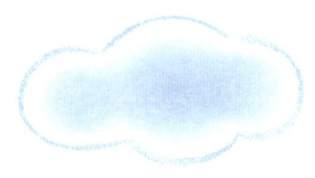

참새

윤동주

가을 지난 마당은 하이얀 종이
참새들이 글씨를 공부하지요.

째액째액 입으로 받아 읽으며
두 발로는 글씨를 연습하지요.

하루 종일 글씨를 공부하여도
쨱 자 한 자밖에는 더 못 쓰는걸.

예쁘고 고운 말
- 마당 : 집 앞이나 뒤에 있는 평평한 땅
- 째액째액 : 참새 등 새가 우는 소리인 '짹짹'을 길게 늘려 표현한 말

⭐ 하루 종일 공부했는데, 머릿속에 남는 게 없다면 무척 답답하겠죠? 참새도 비슷한 마음일 거예요. 종일 공부했는데, 쓸 수 있는 게 "짹"이라는 한 글자밖에 없으니까요. 참새는 "짹"이라는 글자 외에 어떤 글자를 더 쓰고 싶어 할까요? 두 발로 글씨를 연습하고 있는 참새의 모습을 상상하며 시를 따라 써 보세요.

윤동주

시냇물

강승한

시냇물
찰랑찰랑
속삭일 때면
달님이 방긋이
웃고 나와요.

시냇물
고이고이
잠이 들 때면
달님은 혼자서
집 찾아가요.

예쁘고 고운 말

- 시냇물 : 시내에서 흐르는 물
- 찰랑찰랑 : 물이 넘칠 것처럼 흔들리는 소리나 모양
- 속삭이다 : 상대방 외에 다른 사람이 알아듣지 못할 만큼 작은 소리로 이야기하다.
- 방긋이 : 입을 약간 벌려 소리 내지 않고 웃는 모습
- 고이고이 : 편안하고 고요하게

★ "찰랑찰랑", "고이고이"라는 말을 사용해 시냇물의 소리와 움직임을 표현하고 있어요. 시냇물이 찰랑찰랑 소리 내며 속삭이면 달님이 미소를 지으며 나오고, 시냇물이 조용하고 편안하게 잠이 들면 달님이 혼자서 집으로 돌아간다고 표현한 점이 재미있죠? 이걸로 보아 시냇물과 달님은 서로 친한 사이가 아닐까요? 만약 여러분이 시냇물이라면 달님은 누구인가요?

강승한

할아버지

정지용

할아버지가
담뱃대를 물고
들에 나가시니,
궂은 날도
곱게 개이고

할아버지가
도롱이를 입고
들에 나가시니,
가문 날도
비가 오시네.

예쁘고 고운 말

- 담뱃대 : 담배를 피는 데 쓰는 기구
- 궂은 날 : 비나 눈이 내려 날씨가 나쁜 날
- 개다 : 흐리거나 궂은 날씨가 맑아지다.
- 도롱이 : 짚으로 만들어 어깨에 걸쳐 입는 비옷
- 가문 날 : 땅이 바싹 마를 정도로 계속해서 비가 오지 않는 날

⭐ 이 시에 나오는 할아버지는 마법사예요. 궂은 날도 맑게 만들고, 가문 날도 비가 오게 만드니까요. 자연을 다스리는 산신령일지도 모르겠네요. 어쨌든 신비로운 사람인 건 분명해요. 여러분의 할아버지는 어떤 분인가요? 우리가 그동안 잘 몰랐지만, 실제로는 시에 나오는 할아버지처럼 신기한 능력을 가지고 있지 않을까요?

정지용

땅감나무

권태응

키가 너무 높으면
까마귀 떼 날아와 따 먹을까 봐
키 작은 땅감나무 되었답니다.

키가 너무 높으면
아기들 올라가다 떨어질까 봐
키 작은 땅감나무 되었답니다.

★ 땅감나무를 '까마귀가 토마토 열매를 따 먹을까', '아이들이 나무에 올라가다 다칠까' 걱정하는 사람처럼 표현하였어요. 아이들을 사랑하는 땅감나무의 마음이 느껴지지 않나요? 땅감나무처럼 여러분이나 친구들을 걱정해 주는 사람은 누가 있는지 떠올려 보세요.

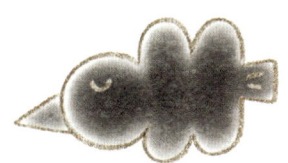

_____

권태응

_____

_____

_____

_____

_____

_____

예쁘고 고운 말
- 떼 : 서로 비슷한 행동을 하는 무리
- 땅감 : '토마토'의 방언
- 떨어지다 : 위에서 아래로 내려지다.

토마토를 그려 보세요.

 **오감을 사용해 토마토를 관찰한 내용을 써 보세요.**

 토마토의 색깔, 크기, 모양을 관찰한 내용을 써 보세요.

 토마토 냄새를 맡아 보세요. 어떤 냄새가 나나요? (예 : 시큼하다, 쿰쿰하다, 상큼하다 등)

 토마토를 먹었을 때 느껴지는 맛을 써 보세요. (예 : 단맛, 신맛, 쓴맛 등)

 토마토를 씹을 때 나는 소리를 써 보세요. (예 : 아삭아삭, 쩝쩝, 찹찹 등)

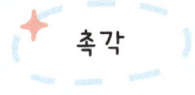 토마토를 만졌을 때 어떤 느낌이 드나요? 느낌을 써 보세요. (예 : 부드럽다, 거칠거칠하다, 단단하다, 차갑다 등)

여름

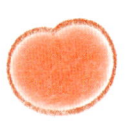

앵두

권태웅

빨강빨강 앵두가
오볼조볼 온 가지.

아기들을 부른다.
정답게 모여라.

동글동글 앵두는,
예쁜 예쁜 열매는

아기들의 차질세.
달궁달궁 먹어라.

예쁘고 고운 말

- 앵두 : 앵두나무의 열매로 작고, 동그랗고, 익으면 붉은색을 띤다.
- 정답다 : 따뜻한 정이 있다.
- 오볼조볼 : '조랑조랑'의 방언으로, 작은 열매가 많이 매달려 있는 모양

⭐ 새콤달콤한 맛이 나는 빨갛고 동그란 앵두를 먹어 본 적 있나요? 지금은 앵두나무가 많지 않지만, 예전에는 앵두가 어린이들의 맛있는 간식이었어요. 여럿이 모여 나무에 매달린 열매를 따 먹는 게 하나의 놀이이자 기분 좋은 순간이었어요.

권태응

해바라기 씨

정지용

해바라기 씨를 심자.
담 모퉁이 참새 눈 숨기고
해바라기 씨를 심자.

누나가 손으로 다지고 나면
바둑이가 앞발로 다지고
괭이가 꼬리로 다진다.

우리가 눈 감고 한밤 자고 나면
이슬이 내려와 같이 자고 가고,

우리가 이웃에 간 동안에
햇빛이 입 맞추고 가고

해바라기는 첫 시악시인데
사흘이 지나도 부끄러워
고개를 아니 든다.

가만히 엿보러 왔다가
소리를 꽥! 지르고 간 놈이
오오, 사철나무 잎에 숨은
청개구리 고놈이다.

★ 해바라기 씨를 심어 싹이 나기를 바라는 소년의 마음이 담긴 시예요. 참새가 보지 못하도록 해바라기 씨를 심고 있어요. 누나, 바둑이, 괭이와 함께 씨앗을 덮은 흙을 다지는 모습도 나타나 있어요. 함께 힘을 모아 씨앗을 심는 모습이 참 따뜻해 보여요. 곧 씨앗이 싹을 틔우고 잘 자라서 해바라기 꽃이 노랗게 피겠지요.

정지용

예쁘고 고운 말

- 담 : 집을 둘러막기 위해 돌이나 벽돌로 쌓아 올린 것
- 모퉁이 : 구부러지거나 꺾어져 돌아간 곳
- 다지다 : 누르거나 밟아서 단단하게 만들다.
- 괭이 : '고양이'의 준말
- 시악시 : '색시'의 방언
- 색시 : 갓 결혼한 여자 또는 아직 결혼하지 않은 여자

산 샘물

권태응

바위 틈새 속에서
쉬지 않고 송송송.

맑은 물이 고여선
넘쳐흘러 졸졸졸.

푸고 푸고 다 퍼도
끊임없이 송송송.

푸다 말고 놔두면
다시 고여 졸졸졸.

⭐ 쉬지 않고 흐르는 샘물을 눈앞에 그림처럼 보여 주기 위해 "송송송", "졸졸졸"이라는 단어를 사용해 시를 썼어요. 이 단어들을 소리 내어 읽어 보세요. 경쾌하고 귀여운 리듬이 느껴지지 않나요? "푸고 푸고 다 퍼도 끊임없이"라는 말처럼 샘물은 계속해서 솟아 나오죠. 산에 갔을 때 샘물을 본 적이 있나요? 그때 어떤 소리를 들었는지 떠올려 볼까요?

권태응

예쁘고 고운 말
- 틈새 : 벌어져 난 틈의 사이
- 고이다 : 물이 우묵한 곳에 모이다.
- 넘쳐흐르다 : 물이 가득 차서 흘러내리다.
- 졸졸졸 : 흘러가는 물의 소리

1, 2, 3, 4, 선생

서덕출

나는 학교 조그마한
학생이지만
집에 와선 두말없이
선생이란다.
우리 동무 두서넛을
데려다 놓고
1, 2, 3, 4 가르치는
선생이란다.

예쁘고 고운 말
- 조그마하다 : 조금 작거나 적다.
- 두말없다 : 이러니저러니 불평을 하지 않다.
- 동무 : 친하게 어울리는 사람
- 두서넛 : 둘이나 셋 또는 넷쯤 되는 수

★ 학교에서는 학생이지만, 집에서는 친구들에게 숫자를 가르치는 아이의 모습을 귀엽게 표현한 시예요. "두말없이"라는 어휘를 사용해, 누가 말하지 않아도 스스로 "선생"이라고 하는 점에서 아이가 자기를 자랑스럽게 느낀다는 걸 알 수 있어요. 여러분이 마치 선생님처럼 동생이나 친구들에게 무언가를 가르쳐 준 때를 떠올려 보세요. 어떤 마음이 드나요?

서덕출

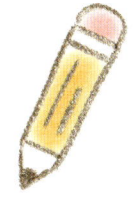

오늘 아빠가 1일 선생님이 되어 우리 반에 왔어요.
아이들은 아빠에게 어떤 질문을 할까요? 말풍선에 써 보세요.

아빠는 1일 선생님

△△ 회사에서 □□ 하는 일을 하고 있어요.

여러분, 나는 ○○○의 아빠예요.

아빠는 우리 반 아이들에게 무엇을 가르칠까요?
또 우리 반에서 어떤 일이 일어날까요? 상상해서 써 보세요.

오줌싸개 지도

윤동주

빨랫줄에 걸어 놓은
요에다 그린 지도
지난밤에 내 동생
오줌 싸 그린 지도

꿈에 가본 엄마 계신
별나라 지돈가?
돈 벌러 간 아빠 계신
만주 땅 지돈가?

예쁘고 고운 말

• 빨랫줄 : 빨래를 널어 말리기 위해 달아 놓은 줄
• 요 : 사람이 누울 때 바닥에 까는 이부자리
• 만주 : 오늘날의 중국 둥베이 지방을 가리키는 말

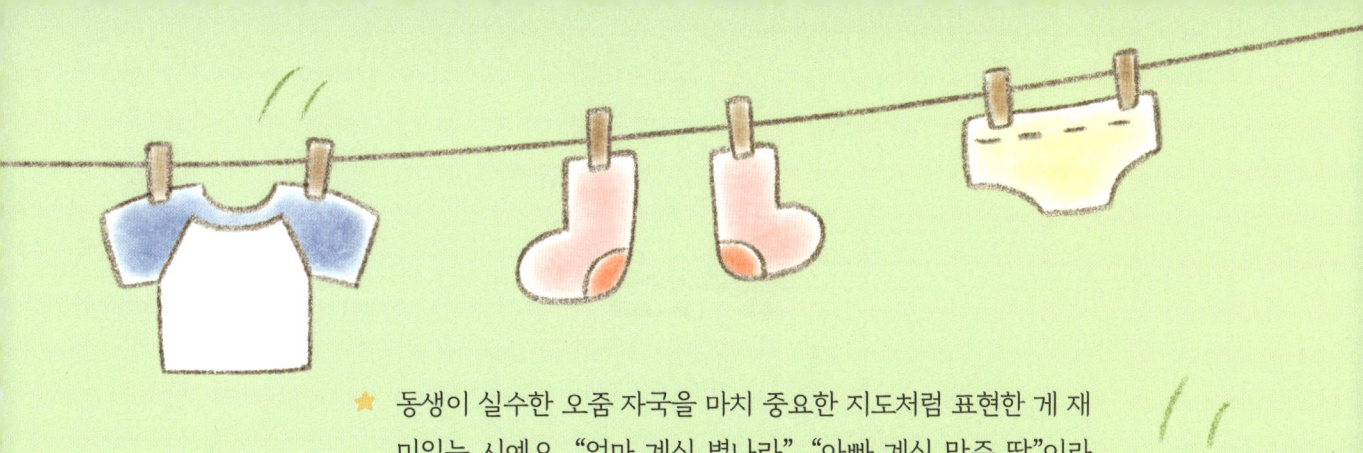

★ 동생이 실수한 오줌 자국을 마치 중요한 지도처럼 표현한 게 재미있는 시예요. "엄마 계신 별나라", "아빠 계신 만주 땅"이라는 표현을 보면 멀리 떨어져 있는 엄마와 아빠를 그리워한다는 것을 알 수 있죠. 여러분은 어렸을 때 요에 지도를 그린 적 있나요? 그때 그린 지도는 한국 지도였나요? 세계 지도였나요?

윤동주

봉선화

서덕출

옛날의 왕자별을
못 잊어서요.
새빨간 치마 입은
고운 색시가
흩어진 봉선화를
고이 모아서
올해도 손끝에
물들입니다.

예쁘고 고운 말

- 흩어지다 : 모여 있던 것이 따로따로 떨어지다.
- 봉선화 : 길쭉하고 톱니가 있는 잎을 가진 풀로 빨강, 분홍, 하양 꽃이 핀다.
- 고이 : 정성을 다하여
- 물들이다 : 빛깔이 스며들게 하다.

★ 봉선화는 잘 모르겠고, 봉숭아는 많이 들어봤다고요? 봉선화를 봉숭아라고 부르기도 해요. 봉선화 꽃잎과 잎을 소금과 함께 짓이겨서 손톱 위에 올려놓고 비닐봉지와 고무줄로 잘 묶어 놓으면 다음 날 손톱이 빨갛게 변하죠. 은은하고 자연스러운 붉은빛이 그 어떤 매니큐어보다도 예쁘고요. 손톱에 봉선화 물을 들여 본 적이 있나요?

서덕출

더위 먹겠네

권태응

타는 듯 내리쬐는 저 들판에
일하는 사람들 더위 먹겠네.

구름들아, 햇볕 좀
가려라, 가려라.

죽도록 일해도 고생 많은
땀 철철 농군들 더위 먹겠네.

바람들아, 자꾸 좀
불어라, 불어라.

예쁘고 고운 말
- 내리쬐다 : 볕이 세게 아래로 비치다.
- 더위 먹다 : 여름에 너무 더워서 몸에 이상 증세가 생기다.
- 철철 : 액체나 땀이 넘쳐흐르는 모습
- 농군 : 농사짓는 일이 직업인 사람

권태응

★ 뜨거운 햇볕 아래 들판에서 땀 흘리며 힘들게 일하는 농부들을 걱정하는 시예요. 농부들이 더위를 먹을까 봐 구름을 불러서 햇볕을 가려 달라 하고, 바람에게 자꾸 불어 달라고 부탁하는 부분이 재미있어요. 만약 나에게 구름과 바람에게 부탁할 수 있는 능력이 있다면 어떤 부탁을 하고 싶은가요?

햇비

윤동주

아씨처럼 내린다.
보슬보슬 햇비
맞아 주자 다 같이
옥수숫대처럼 크게
닷 자 엿 자 자라게
해님이 웃는다.
나 보고 웃는다.

하늘 다리 놓였다.
알롱알롱 무지개
노래하자 즐겁게
동무들아 이리 오나
다 같이 춤을 추자
해님이 웃는다.
즐거워 웃는다.

 **예쁘고 고운 말**

- 보슬보슬 : 눈이나 비가 가늘고 조용하게 내리는 모양
- 햇비 : '여우비'의 북한 말로, 해가 뜬 날 잠깐 오다 그치는 비
- 닷 자 엿 자 : '닷'은 '다섯', '엿'은 '여섯'을 나타내는 말이고, '자'는 길이를 재는 단위로 약 30cm이다.
- 알롱알롱 : 여러 색깔의 줄이 고르고 촘촘하게 무늬를 만든 모양

★ 밝게 자라는 아이들의 모습이 나타난 시예요. 잠깐 내리다 그치는 햇비(여우비)를 아씨, 아이들을 옥수숫대에 빗대어 표현했어요. "보슬보슬"로 비가 내리는 모습을, "알롱알롱"으로 무지개가 하늘에 떠 있는 모습을 나타냈어요. 무지개를 "하늘 다리"로 표현한 것도 재밌죠. 하늘 다리를 본 적 있나요? 언제 어디서 봤나요? 그때 어떤 감정을 느꼈나요?

윤동주

감자꽃

권태응

자주 꽃 핀 건, 자주 감자
파 보나 마나 자주 감자

하얀 꽃 핀 건, 하얀 감자
파 보나 마나 하얀 감자

예쁘고 고운 말
• 자주 : 짙은 남빛을 띤 붉은색

★ 감자꽃을 소재로 한 재미있는 시예요. 자주색 꽃이 피면 자주색 감자가, 흰색 꽃이 피면 흰색 감자가 땅속에서 자란다는 것을 말해 주고 있죠. "파 보나 마나"라는 표현을 반복해서 시에 리듬감을 만들어 주고 있어요. 시에 나오는 자주색 감자와 흰색 감자의 모습을 인터넷에서 검색하여 찾아보세요.

권태응

둘 다

윤동주

바다도 푸르고
하늘도 푸르고

바다도 끝없고
하늘도 끝없고

바다에 돌 던지고
하늘에 침 뱉고

바다는 벙글
하늘은 잠잠

> **예쁘고 고운 말**
> - 푸르다 : 맑은 하늘이나 깊은 바다의 빛깔처럼 밝고 선명하다.
> - 끝없다 : 끝나는 데가 없다.
> - 벙글 : 입을 조금 크게 벌리고 소리 내지 않고 웃는 모습
> - 잠잠하다 : 분위기가 소란스럽지 않고 조용하다.

⭐ 바다와 하늘은 둘 다 정말 거대한 자연이에요. 둘 다 푸르고, 끝없이 깊고 넓죠. 그래서 사람이 돌을 던져도 너그럽게 "벙글" 웃고, 침을 뱉어도 "잠잠하게" 묵묵히 받아들이는 것이죠. 바다와 하늘은 둘 다 한없이 너그럽고 속이 깊은 마음을 가졌어요. 여러분의 주변에 바다나 하늘처럼 마음이 넓은 사람이 있나요? 왜 그렇게 생각하나요?

윤동주

여름비

방정환

여름에 오는 비는
나쁜 비야요.
굵다란 은젓가락 내리던져서
내가 만든 꽃밭을 허문답니다.

여름에 오는 비는
엉큼하여요.
하 — 얀 비단실을 슬슬 내려서
연못의 금잉어를 낚는답니다.

예쁘고 고운 말

- 굵다랗다 : 길쭉한 물건의 둘레가 꽤 크다.
- 은젓가락 : 은으로 된 젓가락
- 허물다 : 지어져 있는 것을 헐어서 무너지게 하다.
- 엉큼하다 : 엉뚱한 욕심을 가지고 있는 면이 있다.
- 비단실 : 누에고치에서 켠 실
- 슬슬 : 다른 사람이 모르게 슬그머니 행동하는 모습

★ 여름비를 마치 사람처럼 '나쁘고 엉큼하다'라고 표현한 게 재미있는 시예요. 은젓가락처럼 세차게 내리는 굵은 비는 나쁜 비, 비단실처럼 가늘고 부드럽게 내리는 비는 엉큼한 비라고 했어요. 세차게 내리는 비를 "은젓가락"으로, 조금씩 슬슬 내리는 비를 "비단실"로 표현한 상상력이 훌륭하지 않나요? 여러분이 생각하는 비는 착한가요? 나쁜가요? 엉큼한가요? 정직한가요?

방정환

어느 밤

박용철

저녁때 개구리 울더니
마침내 밤을 타서 비가 나리네

여름이 와도 오히려 쓸쓸한 우리 집 뜰 우에
소리도 그윽하게 비가 나리네

그러나 이것은 또 어인 일인가 어데선지
한 마리 벌레 소리 이따금 들리노나

지금은 아니 우는 개구리같이
내 마음 그지없이 그윽하여라 고적하여라

⭐ 비 내리는 여름밤의 고요하고 쓸쓸한 풍경을 그림처럼 나타낸 시예요. 비 오는 밤에 주변을 조용하게 만들고 가만히 있으면 개구리나 벌레 울음소리를 들을 수 있어요. 이 시의 주인공은 "그윽하여라", "고적하여라"와 같은 어휘를 통해 자신이 느끼는 감정을 표현했어요. 여러분은 비 내리는 여름밤에 어떤 기분을 느끼나요? 외로움? 쓸쓸함? 아니면 무서움?

박용철

예쁘고 고운 말

- 나리다 : '내리다'의 비표준어
- 쓸쓸하다 : 외롭고 적적하다.
- 그지없이 : 끝이나 한량이 없이
- 그윽하다 : 아늑하고 고요하다.
- 고적하다 : 외롭고 쓸쓸하다.

반딧불

윤동주

가자, 가자, 가자,
숲으로 가자.
달 조각을 주우러
숲으로 가자.

그믐밤 반딧불은
부서진 달 조각,

가자, 가자, 가자,
숲으로 가자.
달 조각을 주우러
숲으로 가자.

예쁘고 고운 말

- 그믐밤 : 음력 그믐날의 밤
- 반딧불 : 반딧불이의 꽁무니에서 나오는 빛
- 부서지다 : 단단한 물체가 깨져 여러 개로 조각이 나다.

⭐ 반딧불을 달의 조각에 비유한 재미있는 시예요. 커다란 달이 여러 개로 조각이 났다고 상상해 보세요. 이곳저곳에서 반짝이는 달빛을 볼 수 있겠죠? 만약 선생님이 어두컴컴한 숲에서 달빛 조각처럼 빛나는 반딧불이를 잡아 오라고 미션을 준다면? 당장 친구들과 또는 부모님과 함께 숲으로 가고 싶지 않나요?

〰〰〰〰〰〰〰〰〰

윤동주

책표지 그리기

'시원한 여름'이라는 제목의 그림책이 있어요. 이 책의 표지에는 어떤 그림이 있을까요? 그림책의 표지를 상상해 꾸며 보세요.

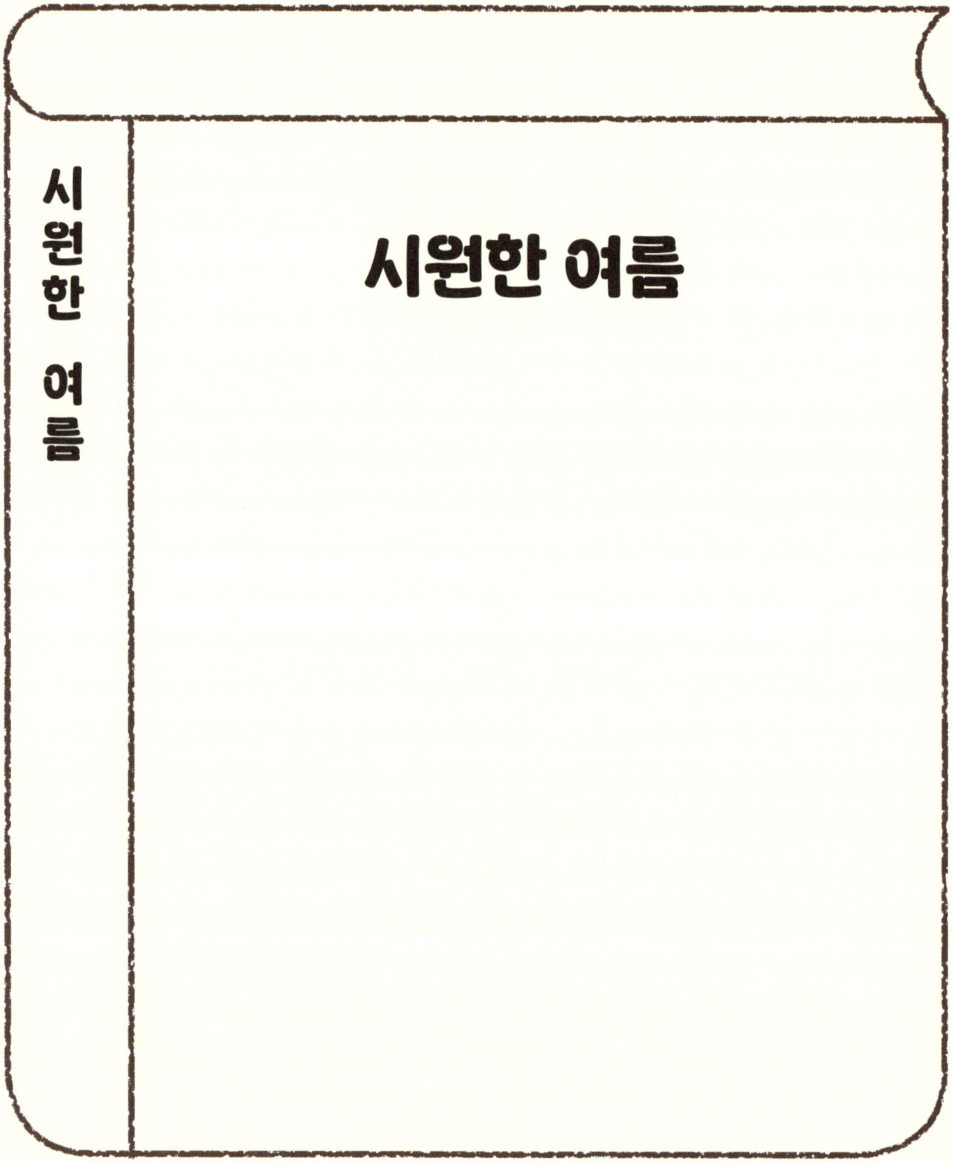

시원한 여름

시원한 여름

 **무더운 여름, 나를 시원하게 해 주는 단어를 찾아 단어 위에 동그라미 표시를 해 보세요.**

	체			선	풍	기	
수	리					린	
박			해	수	욕	장	아
			바	람			이
태	양		라				스
	얼		기				크
	음	악		부	채		림
		에	어	컨			

가을

꽃시계

권태응

시계 시계 꽃시계

똑딱 소리 못 내도
척척 시간 맞추고

나팔꽃이 피면은
언니 학교 갈 시간

해바라기 고개 들면
소죽 퍼서 줄 시간

분꽃이 웃으면
엄마 저녁 할 시간

시계 시계 꽃시계

예쁘고 고운 말
- 똑딱 : 시계가 돌아가는 소리
- 척척 : 서슴지 않고 어떤 일을 해내는 모양
- 소죽 : 소에게 먹이려고 짚이나 풀, 콩 등을 함께 끓인 죽
- 분꽃 : 해 질 무렵부터 아침까지 피는 흰색이나 빨간색의 꽃

★ 꽃을 자연의 시계로 상상하여 표현한 시예요. '나팔꽃 → 언니 학교 갈 시간', '해바라기 → 소 밥 먹일 시간', '분꽃 → 엄마가 저녁 준비할 시간'으로 연결했어요. 사람들의 일상 시간이 자연과 조화를 이룬다는 것을 시로 보여 준 점이 새롭고 흥미로워요. 등굣길에 꽃이나 해, 지나가는 사람들을 한번 관찰해 보세요. 어떤 모습인가요?

권태응

비행기

윤동주

머리에 프로펠러가
연자간 풍차보다
더 — 빨리 돈다.

땅에서 오를 때보다
하늘에 높이 떠서는
빠르지 못하다.
숨결이 찬 모양이야.

비행기는 —
새처럼 나래를
펄럭거리지 못한다.
그리고 늘 —
소리를 지른다.
숨이 찬가 봐.

예쁘고 고운 말
- 프로펠러 : 두 개 이상의 날개가 회전하도록 만든 장치
- 연자간 : 방앗간의 한 종류
- 풍차 : 바람의 힘을 이용해 날개를 돌려서 에너지를 만들어 내는 장치
- 숨결 : 숨 쉴 때의 상태 또는 숨의 속도나 높낮이
- 나래 : 문학작품에서 흔히 '날개를 이르는 말로, 날개보다 부드러운 느낌을 준다.

⭐ 새와 비행기의 공통점은 둘 다 하늘을 날 수 있다는 거예요. 물론 차이점도 있어요. 새는 날개를 펄럭거릴 수 있지만 비행기는 그럴 수 없죠. 비행기가 가진 다른 특성은 무엇일까요? 프로펠러가 있는 것? 큰 소리가 나는 것? 비행기의 모습을 떠올리며 비행기가 가진 특성이 무엇인지 생각해 보세요.

윤동주

무얼 먹고 사나

윤동주

바닷가 사람
물고기 잡아먹고 살고

산골에 사람
감자 구워 먹고 살고

별나라 사람
무얼 먹고 사나

예쁘고 고운 말
- 바닷가 : 바다와 땅이 닿아 있는 곳
- 산골 : 산속

⭐ 옛날에는 지금처럼 교통이 발전하지 않아서 사는 곳에 따라 주로 먹는 음식이 달랐어요. 바닷가 마을에 사는 사람들은 물고기와 해초 같은 해산물을 주로 먹었고, 산골 마을에 사는 사람들은 감자와 나물 같은 채소를 많이 먹었죠. 그렇다면 별나라 사람들은 무얼 먹고 살지 상상해 볼까요?

윤동주

송아지

권태응

껑충껑충 송아지
엄마 뒤따라
벼 실러 들 가는데
뛰어가고

엄매엄매 송아지
엄마가 쉬면
선 채로 젖꼭지를
물고 빨고

예쁘고 고운 말
- 껑충껑충 : 긴 다리를 모아 힘 있게 솟구쳐 뛰는 모습
- 엄매엄매 : 송아지가 우는 소리

⭐ 송아지가 어미 소를 따라 들판으로 가는 모습을 나타낸 시예요. "껑충껑충"이라는 어휘가 힘차게 뛰어가는 송아지의 활기찬 모습을 떠올리게 해 주죠. 여러분은 어떤 때 송아지처럼 부모님을 따라가나요? 간식을 먹고 싶을 때? 장난감이 갖고 싶을 때? "엄매엄매" 하면서 엄마 소를 부르는 송아지의 모습, 여러분이 어릴 때 모습 같지 않나요?

권태응

뒷집 영감

방정환

배불뚝이 뒷집 영감
팔자가 좋아.
남은 모두 땀 흘리며
일할 때도
서늘한 툇마루에
한가히 누워
우리 속의 돼지처럼
낮잠만 자지.

열두 넘는 일꾼들을
만날 때마다,
우레같이 호통치며
꾸중을 하고
농사꾼을 만나서
빚 받을 땐
번개같이 무섭게
호령을 하지.

*시가 뒷장에 이어집니다.

★ 남들이 땀 흘려 일할 때 혼자 낮잠을 자는 영감, 일꾼들에게 호통을 치는 영감, 혼자만 배부르게 음식을 먹는 영감을 비판하는 시예요. "배불뚝이", "한가히 누워", "우리 속의 돼지처럼", "우레같이 호통치며", "무섭게 호령을 하지"라는 표현을 보면서 영감이 어떻게 생겼을지 상상해 보세요.

방정환

예쁘고 고운 말

- 배불뚝이 : 배가 불뚝하게 나온 사람을 가리키는 말
- 팔자 : 사람의 운수
- 서늘하다 : 물체의 온도가 차가운 느낌이 있다.
- 툇마루 : 한옥에 있는 마루
- 우레 : 천둥과 번개
- 호령 : 큰 소리로 꾸짖음

배불뚝이 뒷집 영감
돈이 많아서,
남은 모두 쌀이 없어
굶주릴 때도
맛난 음식 가지가지
잔뜩 먹고서
우리 속의 돼지처럼
살이 쪘지요.

> **예쁘고 고운 말**
> • 가지가지 : 이런저런 여러 가지
> • 우리 : 돼지나 소, 말과 같은 짐승을 가두어서 기르는 곳

 배불뚝이 뒷집 영감의 모습을 상상해 그려 보세요.

배불뚝이 뒷집 영감에게 묻고 싶은 질문을 세 가지 써 보세요.

엄마야 누나야

김소월

엄마야 누나야 강변 살자
뜰에는 반짝이는 금모래빛
뒷문 밖에는 갈잎의 노래
엄마야 누나야 강변 살자

예쁘고 고운 말

- 강변 : 강에 붙어 있는 땅
- 뜰 : 집 주변에 있는 빈 땅
- 금모래 : 금처럼 빛나는 고운 모래
- 갈잎 : 떡갈나무의 잎을 말하며, 떡갈나무는 잎이 큰 참나무의 한 종류이다.

⭐ 이 시에서는 "엄마야 누나야 강변 살자"라는 문장이 시의 맨 앞과 맨 뒤에 두 번 나오고 있어요. 이처럼 같은 말을 반복하면 노래하는 느낌이 들어요. 놀라지 마세요! 실제로 이 시가 노래로 만들어졌다는 사실! 인터넷에서 이 노래를 찾아서 들어 볼까요?

김소월

탱자

권태응

탱자 탱자
노랑 탱자

애들 몰래 동무가
갖다준 탱자

주머니에 넣었다가
꺼내 봤다가

탱자 탱자
동글 탱자

몇 번이고 만져도
즐거운 탱자

책상 위에 놨다가
코에 댔다가

예쁘고 고운 말
- 탱자 : 유자와 비슷하게 생긴 탱자나무의 열매
- 만지다 : 손으로 쥐거나 주무르다.

권태응

⭐ "탱자 탱자", "노랑 탱자", "동글 탱자" 같은 말들은 아주 재미있고 사랑스러운 표현이에요. "탱자"라는 단어는 발음이 톡톡 튀어서 읽기만 해도 기분이 좋아져요. "노랑"과 "동글"이라는 단어도 소리 내어 읽으면 입꼬리가 올라가면서 기분이 좋아져요. 이런 말들이 반복되면 노래처럼 느껴져요. 또 탱자의 모양과 색깔을 떠올리게 해 주죠.

도토리들

권태응

오종종 매달린 도토리들
바람에 우르르 떨어진다

머리가 깨지면 어쩌려고
모자를 벗고서 내려오나

날마다 우르르 도토리들
눈을 꼭 감고서 떨어진다

> **예쁘고 고운 말**
> - 오종종하다 : 작고 둥근 물건들이 빽빽하게 모여 있다.
> - 매달리다 : 줄이나 끈 등에 달려 있다.
> - 우르르 : 한꺼번에 움직이거나 쏟아지는 모양
> - 무섬 : '무서움'의 준말

아기네 동무와 놀고 싶어
무섬도 안 타고 내려온다

⭐ 도토리나무에 매달린 도토리들이 떨어지는 모습을 관찰하며 쓴 시예요. 눈을 감고 도토리들이 떨어지는 모습을 상상해 보세요. "우르르" 떨어진다는 것은 어떻게 떨어지는 것일까요? 도토리들은 왜 눈을 감고 떨어질까요?

권태응

늙은 잠자리

방정환

수수나무 마나님
좋은 마나님
오늘 저녁 하루만
재워 주셔요.
아니 아니 안 돼요.
무서워서요.
당신 눈이 무서워
못 재웁니다.

잠잘 곳이 없어서
늙은 잠자리
바지랑대 갈퀴에
혼자 앉아서
추운 바람 슬퍼서
한숨 쉴 때에
감나무 마른 잎이
떨어집니다.

★ 바람이 찬 가을 저녁에 잠잘 곳을 찾지 못한 늙은 잠자리의 모습을 나타낸 시예요. 수수나무를 '마나님'이라고 사람으로 표현하여 잠자리와 수수나무가 대화하는 것처럼 시를 썼어요. 시에서 잠자리의 눈이 무섭다고 했는데, 여러분은 잠자리의 눈이 어떻게 생겼는지 본 적 있나요? 진짜 재워 주지 못할 정도로 무서운 눈을 가졌는지 인터넷을 활용해 찾아볼까요?

방정환

예쁘고 고운 말
- 수수 : 볏과의 풀로, 열매는 곡식이나 엿, 과자, 떡의 원료로 사용된다.
- 마나님 : 나이가 많은 부인을 높여서 부르는 말
- 바지랑대 : 빨랫줄을 받치는 긴 막대기

홍시

정지용

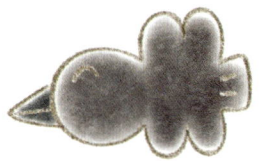

어저께도 홍시 하나
오늘에도 홍시 하나

까마귀야, 까마귀야
우리 나무에 왜 앉았나.

우리 오빠 오시걸랑
맛보여 주려고 남겨 뒀다.

후락 딱딱
훠이 훠이!

예쁘고 고운 말
- 홍시 : 물렁물렁하게 잘 익은 감
- 까마귀 : 깃털이 검고 광택이 있는 새
- 훠이 : 새를 쫓을 때 외치는 소리

⭐ "어저께도 홍시 하나", "오늘에도 홍시 하나"라는 말에서 오빠에게 주려고 홍시를 남겨 놓은 동생의 따뜻한 마음을 느낄 수 있어요. 내가 좋아하는 사람과 맛있는 음식을 나누고 싶은 마음이 바로 사랑의 마음일 거예요. 시에 나오는 동생처럼 가족들을 위해 맛있는 음식을 남겨 둔 경험이 있나요? 누굴 위해, 어떤 음식을 남겨 두었나요?

정지용

 원래 시('홍시')와 바꿔 쓴 시('사과')를 살펴본 후에 딸기나 포도, 복숭아 등 여러분이 좋아하는 과일을 가지고, 동시 바꿔 쓰기를 해 보세요.

홍시

정지용

어저께도 홍시 하나
오늘에도 홍시 하나

까마귀야, 까마귀야
우리 나무에 왜 앉았나.

우리 오빠 오시걸랑
맛보여 주려고 남겨 뒀다.

후락 딱딱
훠이 훠이!

사과

이슬기

어저께도 사과 하나
오늘에도 사과 하나

참새야, 참새야
우리 나무에 왜 앉았나.

우리 아빠 오시걸랑
맛보여 주려고 남겨 뒀다.

톡톡 딱딱
날아가라!

귀뚜라미

방정환

귀뚜라미 귀뚜르
가느단 소리,
달님도 추워서
파랗습니다.

울 밑에 과꽃이
네 밤만 자면
눈 오는 겨울이 찾아온다고….

귀뚜라미 귀뚜르
가느단 소리,
뜰 앞에 오동잎이
떨어집니다.

예쁘고 고운 말
- 울 : 풀이나 나무를 엮어 담처럼 경계를 짓는 물건
- 과꽃 : 국화과에 속하는 풀로 여러 색깔의 꽃이 핀다.
- 오동잎 : 오동나무의 잎

★ 여름에서 가을로 접어들 즈음 "귀뚜르 귀뚜르" 귀뚜라미가 우는 소리를 들어 본 적 있나요? 여치도 귀뚜라미와 비슷한 소리로 울지요. 이처럼 동물의 울음소리를 시 속에 넣으면 저절로 동물의 모습이 머릿속에 떠오르고, 소리 내어 읽는 재미도 느낄 수 있어요.

방정환

부엉새

김소월

간밤에 뒤창 밖에
부엉새가 와서 울더니,
하루를 바다 위에 구름이 캄캄.
오늘도 해 못 보고 날이 저무네.

예쁘고 고운 말

- 부엉새 : 올빼밋과에 속하는 여러 종류의 부엉이들을 통틀어 가리키는 말
- 캄캄 : '깜깜'보다 센 느낌을 주는 까맣고 어두운 모습
- 저물다 : 해가 져서 어두워지다.

★ 지난밤에 부엉새의 울음소리를 듣고 어두운 구름이 몰려와 하루 종일 해를 보지 못한 날을 묘사한 시예요. 낮에 자고 밤에 눈떠서 부엉부엉 우는 "부엉새"와 "울더니", "캄캄"이라는 어휘에서 외롭고 쓸쓸한 감정이나 슬픈 마음이 느껴지지 않나요? 여러분도 외로움을 느끼나요? 어떤 때 그런 기분을 느끼나요?

김소월

가을밤

방정환

착한 아가 잠 잘 자는
베갯머리에
어머님이 혼자 앉아
꿰매어도 꿰매어도
밤은 안 깊어.

기러기 떼 날아간 뒤
잠든 하늘에
둥근 달님 혼자 떠서
젖은 얼굴로
비치어도 비치어도
밤은 안 깊어.

지나가던 소낙비가
적신 하늘에
집을 잃은 부엉이가
혼자 앉아서
부엉부엉 울으니까
밤이 깊었네.

★ 잠든 아기를 사랑스러운 눈으로 바라보는 엄마의 따뜻함이 느껴지는 시예요. 잠자는 나를 바라볼 때 부모님은 어떤 생각을 하실까요? 둥근 달님이 혼자 떠 있는 밤, 부엉부엉 부엉이의 울음소리가 들리는 밤에는 어떤 기분이 들까요? 가을밤에 나 혼자 책을 읽을 때 기분을 떠올려 보세요.

방정환

예쁘고 고운 말

- 베갯머리 : 베개를 베고 누웠을 때 머리 주변
- 꿰매다 : 해지거나 구멍이 뚫린 옷을 바늘로 깁거나 묶다.
- 비치다 : 빛이 나서 환하게 되다.
- 소낙비 : 갑자기 세게 내리다가 금방 그치는 비

겨울

눈

윤동주

지난밤에
눈이 소복이 왔네

지붕이랑
길이랑 밭이랑
추워한다고
덮어 주는 이불인가 봐

그러기에
추운 겨울에만 나리지

★ 추운 겨울날에 지붕, 길, 밭이 추워하며 벌벌 떨고 있다고 상상해 보세요. 이 모습을 가엾게 여긴 눈이 "너희들 춥지? 내가 이불처럼 너희를 덮어 줄게."라고 말한다면 어떨까요? 여러분의 주변에 누군가 추워하는 사람이 있다면 여러분은 무얼 가지고 그 친구를 따뜻하게 만들어 주고 싶나요?

윤동주

예쁘고 고운 말
- 소복이: 쌓이거나 담긴 물건이 볼록하게 많이
- 덮다: 물건이 보이지 않게 천을 얹어 씌우다.

눈꽃송이

서덕출

송이송이 눈꽃송이
하얀 꽃송이
하늘에서 피어 오는
하얀 꽃송이
나무에나 뜰 위에나
동구 밖에나
골고루 나부끼니
보기도 좋네.

송이송이 눈꽃송이
하얀 꽃송이
하늘에서 피어 오는
하얀 꽃송이
크고 작은 오막집을
가리지 않고
골고루 나부끼니
보기도 좋네.

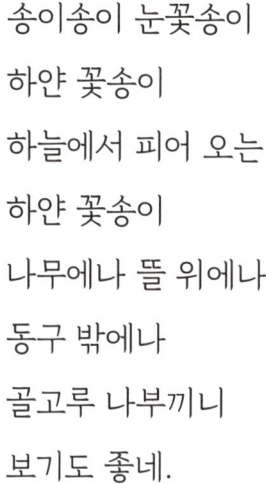

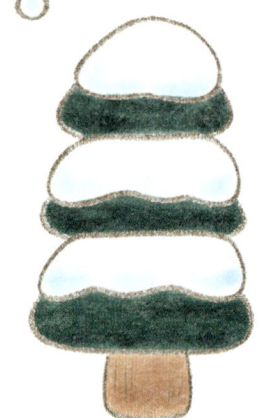

예쁘고 고운 말

- 동구 : 동네로 들어가는 입구 주변
- 골고루 : '고루고루'의 준말로, 빼놓지 않고 두루두루
- 나부끼다 : 바람으로 인해 가볍게 흔들리다.
- 오막집 : 오두막집과 같은 말로, 작고 초라한 집

⭐ 하늘에서 내리는 눈을 "하얀 꽃송이"로 표현한 게 이 시의 특징이에요. 하얀 꽃송이가 나무, 뜰, 동구 밖 어디든지 나부끼고 있다고 상상해 보세요. 온 세상이 하얀 꽃으로 가득 찬 멋진 풍경이겠죠? 또한 이 시에서는 "송이송이 눈꽃송이 하얀 꽃송이"라는 말이 반복되어요. 어디선가 들어 본 것 같고요? 맞아요. 이 시는 노래로도 만들어져 있어요. <눈꽃송이>라는 동요를 찾아 들어 보세요.

서덕출

바람

정지용

바람.
바람.
바람.

너는 내 귀가 좋으냐?
너는 내 코가 좋으냐?
너는 내 손이 좋으냐?

내사 귀가 온통 빨개졌네.
내사 아무렇지도 않다.

호호 추워라 구보로!

⭐ 찬바람이 부는 겨울날, 귀나 코끝이 빨개지는 경험을 해 봤나요? 시인은 마치 바람이 일부러 사람의 얼굴을 스쳐 지나가며 장난을 치는 것처럼 표현했어요. 추운 날 부는 바람이 사람처럼 얼굴이 있고 말을 할 수 있다고 상상해 보세요. 바람이 나에게 어떤 말을 할까요?

정지용

예쁘고 고운 말
- 온통: 전부 다
- 구보: 달리는 것 또는 달리듯 빠르게 걷는 것

 **겨울과 관련 있는 단어를 생각나는 대로 자유롭게 써 보세요.**
(예 : 눈썰매, 춥다 등)

 **눈에 어울리는 표현을 찾아보세요.**

쨍쨍

펄펄

송이송이

말랑말랑　　하얀

설탕 같은

뽀드득

무겁게

쫀득쫀득　　펑펑　　쾅쾅

소복소복

포슬포슬

뜨거운

딱딱하게

117

아기의 새벽

윤동주

우리 집에는
닭도 없단다.
다만
아기가 젖 달라 울어서
새벽이 된다.

우리 집에는
시계도 없단다.
다만
아기가 젖 달라 보채어
새벽이 된다.

예쁘고 고운 말

- 다만 : 앞에서 한 말에 조건을 덧붙일 때 쓰는 말
  예) 나는 떡볶이를 먹고 싶지 않았다. 다만 친구들과 함께 분식점에 가고 싶었다.
- 새벽 : 동이 틀 무렵
- 보채다 : 어떤 것을 해 달라고 울거나 칭얼거리거나 조르다.

★ 아기가 젖 달라고 우는 모습을 통해 새벽이 찾아오는 모습을 표현한 시예요. 아기가 항상 새벽에 잠에서 깨어 엄마를 찾으며 우는가 봐요. 엄마랑 가족들도 일찍 잠에서 깨겠네요. 여러분은 아침에 어떤 소리를 듣고 잠에서 깨나요?

윤동주

눈은 눈은

서덕출

눈은 눈은 하늘에 설탕일까요
설탕이면 달지 않고 이만 시릴까?

눈은 눈은 하늘에 소금일까요
소금이면 짜지 않고 이만 시릴까?

눈은 눈은 하늘에 떡가루일까요
떡가루면 떡장수 걷어 안 갈까?

눈은 눈은 하늘에 분가루일까요
분가루면 색시가 걷어 안 갈까?

예쁘고 고운 말

- 시리다 : 찬 것이 닿아 통증이 있다.
- 걷다 : '거두다'의 준말로, 익은 곡식이나 열매를 담거나 한데 모으다.
- 떡가루 : 떡을 만들기 위해 곡식을 빻은 하얀 가루
- 빻다 : 물기가 없는 것을 짓찧어서 가루로 만들다.
- 분가루 : 화장품으로 쓰는 하얀 분의 가루

⭐ 하늘에서 내리는 눈을 보며, 이게 눈이 아니라 다른 것이면 어떨지 상상해 본 적이 있나요? 하얀 설탕이라면? 하얀 소금이나 떡가루, 분가루라면? 이 시의 주인공은 상상력을 발휘해 눈을 다른 것으로 바꿔서 생각해 봤어요. 만약 눈이 솜사탕이라면 어떤 일이 생길까요? 눈이 바닐라 아이스크림이라면? 눈과 비슷한 하얀 것을 상상해 보세요!

서덕출

어린 고기들

권태응

꽁꽁 얼음 밑
어린 고기들.

해님도 달님도
한 번 못 보고
겨울 동안 얼마나
갑갑스럴까.

꽁꽁 얼음 밑
어린 고기들.

뭣들 하고 노는지
보고 싶구나.
빨리빨리 따슨 봄
찾아오너라.

★ 집 밖으로 나가지 못하고 겨우내 집 안에 있어야 한다면 어떤 기분이 들까요? "해님도 달님도 한 번 못 보고" 얼음 밑에 갇혀 있는 물고기들은 얼마나 답답할까요? 우리가 빨리 집 밖으로 나가 놀고 싶은 것처럼 물고기들도 따뜻한 봄이 되어 얼음이 녹기를 기다리지 않을까요? 어린 고기들의 마음을 생각하며 시를 따라 써 볼까요?

권태응

예쁘고 고운 말
- 꽁꽁 : 어떤 물체가 매우 단단하게 얼어 있는 모양
- 갑갑하다 : 너무 지루해서 더 이상 견디기 힘들다.
- 따습다 : 알맞게 따뜻하다.

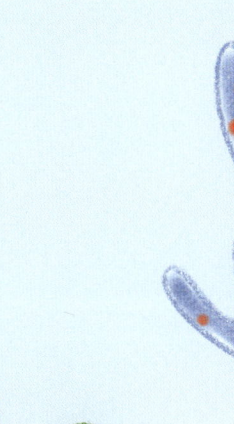

호주머니

윤동주

넣을 것 없어
걱정이던
호주머니는

겨울만 되면
주먹 두 개
갑북갑북

> **예쁘고 고운 말**
> - 호주머니 : 옷에 달린 작은 주머니로 돈이나 물건 등을 넣는 곳
> - 갑북갑북 : '가득가득'의 평안도 방언으로, 빈 데가 없을 만큼 매우 꽉 차거나 많은 모양

⭐ 평소 호주머니에 무엇을 넣고 다니나요? 먹을 것? 용돈? 스마트폰? 이 시의 주인공은 넣을 것이 없어 텅 비어 있는 호주머니가 걱정이었나 봐요. 그런데 참 다행인 게 겨울이 되면 너무 추워서 호주머니에 손을 넣을 수밖에 없죠. "갑북갑북"은 호주머니를 가득 채운 주먹의 모습을 떠올리게 해 주네요. 지금 여러분의 호주머니는 무엇으로 갑북갑북 차 있나요?

윤동주

호주머니의 유래

우리나라의 전통 옷인 한복에는 주머니가 없어요. 요즘 옷들처럼 옷에 주머니가 있는 게 아니라 따로 주머니를 만들어서 옷에 걸고 다녔죠.

그런데 우리나라와 다르게 주머니가 붙은 옷을 입는 사람들이 있었어요. 바로 중국 청나라 사람들이었어요. 그래서 주머니에 오랑캐를 뜻하는 글자 '호(胡)'를 붙여 '호주머니'라고 부르게 되었다고 해요.

'세는 말' 연결하기
어휘력 키움 활동

어떤 것을 셀 때는 세는 것에 알맞은 단위의 말을 사용해야 해요.
세야 하는 것과 그것을 세는 단위의 말을 연결해 볼까요?

- 사람
- 종이
- 송아지
- 책
- 신발
- 자동차
- 꽃

- 켤레
- 명
- 송이
- 대
- 마리
- 장
- 권

오곤자근

권태응

꿀벌들은 통 속에서 오곤자근
동무 동무 정다웁게 뫼온 양식
서로서로 노나 먹곤 오곤자근

생쥐들은 굴속에서 오곤자근
동무 동무 정다웁게 뫼온 곡식
소곤소곤 노나 먹곤 오곤자근

아기들은 방 안에서 오곤자근
동무 동무 정다웁게 얻은 밤톨
화롯불에 묻어 놓곤 오곤자근

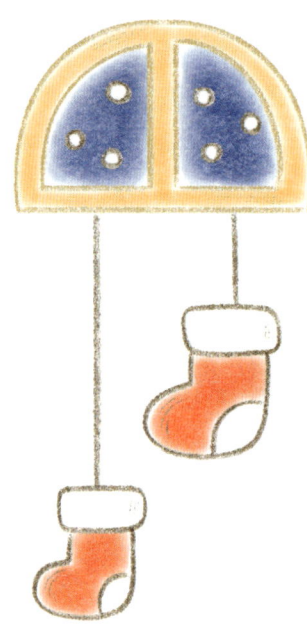

예쁘고 고운 말

- 오곤자근 : 서로 정답게 지내는 모양
- 뫼온 : '모아 온'의 준말
- 노나 : '노느다'에서 온 말로, 여러 몫으로 나눈다는 뜻이다.
- 소곤소곤 : 다른 사람들이 알아듣지 못하게 작게 이야기하는 소리 또는 모습
- 화롯불 : 화로에 담아 놓은 불

★ 꿀벌들, 생쥐들, 아이들이 서로 나누어 먹는 따뜻한 모습이 담겨 있는 시예요. 꿀벌들은 통 속에서 양식을, 생쥐들은 굴속에서 곡식을, 아이들은 방 안에서 밤을 나누어 먹어요. "오곤자근"이라는 어휘를 반복해서 친근한 느낌을, "정다웁게"라는 어휘를 반복해서 따뜻한 느낌을 주고 있어요. 누군가와 맛있는 음식을 오곤자근 나눠 먹었던 경험을 떠올리며 시를 따라 써 보세요.

권태응

누구 발자국

권태응

소복이 눈이 덮인 동네 앞길을
발자국 옴폭옴폭 누가 갔나?

아무도 안 걸어간 하얀 눈길을
혼자서 다박다박 누가 갔나?

실 공장에 다니는 이웃집 누나
아마도 새벽길을 갔나 보다.

꽁꽁 얼은 하늘의 별을 보면서
고요한 새벽길을 갔나 보다.

⭐ 눈 덮인 길 위에 발자국을 보고 누구의 발자국인지 생각해 본 적이 있나요? 시 속의 소년은 발자국의 주인이 아침 일찍 일하러 가는 이웃집 누나일 것이라 생각하고 있어요. 여러분의 집 주변, 학교 운동장에 있는 발자국의 주인은 누구일까요? "옴폭옴폭", "다박다박" 눈 위를 걸어간 사람이 누구일지 추측해 보세요.

권태응

예쁘고 고운 말

• 옴폭옴폭 : 여러 곳이 오목하게 들어간 모양
• 다박다박 : 느릿느릿 힘없이 걸어가는 모양

빗자루

윤동주

요 — 리조리 베면 저고리 되고
이 — 렇게 베면 큰 총 되지.

누나하고 나하고
가위로 종이 쏠았더니
어머니가 빗자루 들고
누나 하나 나 하나
볼기짝을 때렸소.

방바닥이 어지럽다고
아니 아 — 니
고놈의 빗자루가
방바닥 쓸기 싫으니
그랬지 그랬어.

괘씸하여 벽장 속에 감췄더니
이튿날 아침 빗자루가 없다고
어머니가 야단이지요.

⭐ 아이와 누나는 종이를 가위로 잘라 장난을 치다 엄마한테 혼이 났어요. 그래서 핑계를 댔죠. 빗자루가 방 청소하기 싫어서 일부러 어지럽힌 거라고요. 귀여우면서도 재치 있는 변명이죠? 여러분도 방을 어지럽혀서 부모님에게 혼난 적이 있나요? 그때 여러분은 어떻게 했나요?

윤동주

예쁘고 고운 말

- 쏠다 : 물건을 잘게 자르다.
- 볼기짝 : 엉덩이를 얕잡아 부르는 말
- 괘씸하다 : 분하고 미워하는 마음이 들다.

널 뛰는 노래

서덕출

펄떡펄떡 뛰어라. 널을 뛰어라.
우리들의 설날은 널뛰는 설날
동무들과 정답게 널뛰는 설날

펄떡펄떡 뛰어라. 널을 뛰어라.
높이높이 오르게 굴러 뛰어라.
빨간 댕기 바람에 펄펄 날리게.

펄떡펄떡 뛰어라. 널을 뛰어라.
뛰고 뛰고 또 높이 뛰어오르면
밤하늘의 별님이 머리 만질걸.

예쁘고 고운 말

- 널 : 널뛰기할 때 쓰는 긴 널빤지
- 펄떡펄떡 : 크고 탄력 있게 뛰는 모양
- 댕기 : 길게 땋은 머리끝에 묶는 헝겊이나 끈
- 펄펄 : 바람에 세차게 날리는 모양

★ 박물관이나 민속촌에 갔을 때 널뛰기를 해 본 적 있나요? 해 본 적이 없어도 괜찮아요. "높이높이 오르게 굴러 뛰어라."라는 말처럼 널뛰기할 때 펄떡 뛰어서 하늘 높이 날아 올라가는 상상을 해 보세요. 별님이 나의 머리를 만질지도 몰라요. 친구들과 함께 널을 뛰어 하늘까지 올라가면 또 어떤 걸 보게 될까요?

서덕출

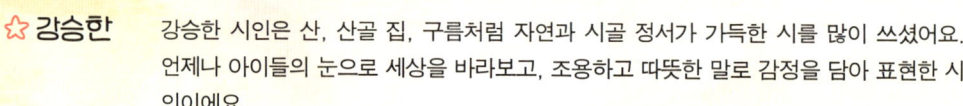

☆ **강승한** 　강승한 시인은 산, 산골 집, 구름처럼 자연과 시골 정서가 가득한 시를 많이 쓰셨어요. 언제나 아이들의 눈으로 세상을 바라보고, 조용하고 따뜻한 말로 감정을 담아 표현한 시인이에요.

☆ **권태응** 　권태응 시인은 꽃, 열매, 동물, 자연 등 우리 주변의 소중한 것들을 따뜻하게 바라보며 시를 썼어요. 특히, 아이들을 많이 사랑하셔서 송아지, 감자꽃, 앵두, 탱자처럼 아이들에게 친숙한 것들을 시로 재미있게 표현하셨어요. 이분의 시를 읽다 보면, 마치 시골에서 뛰노는 느낌이 들어요.

☆ **김소월** 　김소월 시인은 마음속 슬픔과 그리움을 부드럽고 조용한 말로 동시에 담으셨어요. 봄날의 개미, 외로운 꽃처럼, 아주 작은 존재들의 이야기를 조용한 목소리로 전해 주는 동시들이 많아요. 이분의 동시를 따라 쓰다 보면 자연의 속삭임이나 마음의 소리에 귀 기울이게 돼요.

☆ **박용철** 　박용철 시인은 깊은 생각을 시에 담는 분이세요. 그리움과 외로움, 말로 다 표현하기 어려운 감정들을 마치 노을빛처럼 잔잔하고 부드럽게 표현하셨죠. 이분의 동시를 읽다 보면 마음이 고요해지고, 그 속에서 내가 느끼는 감정을 천천히 바라보는 연습을 할 수 있어요.

☆ **방정환** 　방정환 시인은 아이들을 세상에서 가장 소중하게 생각하셨어요. '어린이'라는 말도 이분이 처음으로 만드셨고, 우리가 좋아하는 '어린이날'도 만드셨어요. 이분의 동시는 아이들의 마음을 닮았어요. 순수하고, 맑고, 때로는 속상한 마음까지도 따뜻하게 안아 주는 말들로 가득하거든요.

☆ **서덕출** 　서덕출 시인은 어린이를 위한 동시를 정말 많이 쓰신 시인이에요. 어렸을 때 사고를 당해 몸이 불편했지만, 언제나 밝고 맑은 마음으로 아이들을 생각하며 시를 지으셨어요. 봄날의 햇살, 나비, 눈송이처럼 자연 속에서 찾은 아름다움을 시에 담아서, 시를 읽는 사람도 함께 기분이 좋아져요!

☆ **윤동주** 　윤동주 시인은 별, 하늘, 바람, 달 같은 조용하고 아름다운 것을 좋아하셨어요. 그래서 이분의 시를 읽으면 마치 밤하늘을 바라보는 느낌이 들어요. 윤동주 시인은 아주 부드럽고 진심이 담긴 말로 마음속 깊은 생각을 조용히 들려주신 분이에요. 때로는 꿈처럼, 때로는 속삭이듯이 말이죠.

☆ **정지용** 　정지용 시인은 도화지에 멋진 풍경을 그린 듯한 시를 쓰셨던 시인이에요. 눈, 바람, 굴뚝새, 호수 같은 자연을 그림처럼 예쁘게 표현해서 머릿속에 그 장면이 생생하게 그려지곤 해요. 시에서 사용한 말들의 말소리가 아름답고 리듬감이 있어서 마치 노래처럼 읽히는 시들이 많아요.

작은 시인 상

_____ 어린이는

이 책에 나오는 동시를 정성껏 따라 쓰고,

마음으로 느끼고 표현하며,

작은 시인의 첫걸음을 잘 걸었습니다.

앞으로도 예쁘고 고운 우리말을 사랑하고

엉뚱한 상상력과 따뜻한 마음을 키우는

멋진 어린이가 되기를 응원합니다!

_____ 년 ____ 월 ____ 일

초등글쓰기연구소 드림

"한 편의 동시처럼, 너의 하루가 반짝이기를"